PROJET

D'UNE COLONISATION AGRICOLE ET INDUSTRIELLE

A FONDER A LA GUYANE FRANÇAISE,

COMME MOYEN D'AFFRANCHISSEMENT PROGRESSIF,

Par M. F.-F. LEBLOND,

Propriétaire à Cayenne, Membre de diverses sociétés savantes de Paris,

Fils du célèbre médecin naturaliste de ce nom, ancien Membre de l'Académie des Sciences, de la Société royale de Médecine et de l'Institut impérial, etc.

Ce fut un grand jour dans les siècles, un beau jour devant Dieu et devant les hommes, un jour qui effaça de la surface de la terre bien des taches d'infamie et de sang, que celui où le parlement anglais, qu'animait l'âme de Wilberforce et de Canning, jeta cinq cents millions à ses colons pour racheter huit cent mille esclaves, et avec eux la dignité du nom d'homme et la moralité dans les lois.

DE LAMARTINE.

PARIS.

VINCHON, IMPRIMEUR, RUE JEAN-JACQUES ROUSSEAU, 8.

—

1843.

QUELQUES MOTS.

Si le projet que je soumets aujourd'hui à l'appréciation des hommes de bien, n'avait déjà reçu un commencement de publicité par l'organe des journaux les plus accrédités de Paris (1), je me serais abstenu de le livrer à l'impression, car le mieux en ce monde serait, je crois, de laisser les faits s'accomplir d'eux-mêmes, si l'on ne craignait qu'ils ne fussent contraints de briser avec explosion les obstacles que les mauvaises passions des hommes savent malheureusement opposer à leur développement.

Ce projet d'affranchissement progressif, par le moyen d'une colonisation industrielle et agricole, pris d'abord en considération le jour que j'en donnai lecture dans l'une des séances mensuelles de la Société de la morale chrétienne, a été abandonné faute de prévoir la possibilité de le mettre à exécution. Tous les membres de la commission furent unanimes pour reconnaître dans l'auteur un collègue animé des meilleurs sentimens dans l'intérêt de l'humanité.

Mais, a-t-on dit, comment proposer au gouvernement un mode d'affranchissement qui porte avec lui le plus redoutable argument qu'on oppose sans cesse à cette mesure : la question d'argent ? Quelque réduite qu'en soit la dépense, comme au présent projet, on est assuré d'avance que le gouvernement ne l'adoptera point. Il est donc inutile d'en faire l'objet d'une proposition. Bien que cette résolution fût un peu sévère, j'ai cru cependant devoir la combattre en partie ; c'était d'ailleurs supposer le gouvernement peu disposé à faciliter tout moyen, même le plus sage, tendant à arriver à un noble but. Le lecteur se convaincra que je n'ai eu en vue que la concilia-

(1) La Patrie, le Siècle, le Constitutionnel, le Courrier français.

tion de tous les intérêts : c'est d'ailleurs le seul principe que ma conviction ait pour base. Il se résume dans les trois moyens suivans: 1° préparer la génération qui s'élève, à bien comprendre les devoirs qu'impose la liberté ; 2° tenir, par le rachat forcé, une voie ouverte aux esclaves actuels pour acquérir leur liberté sous la protection de magistrats spéciaux ; 3° payer aux colons un prix déterminé au fur et à mesure de la naissance des enfans et pour ceux âgés de trois ans, etc.

Lorsqu'on jette les yeux sur le passé, l'on est surpris en considérant les ressorts que les adversaires de l'émancipation des noirs n'ont pas cessé d'employer, jusqu'à présent, pour empêcher les moyens immédiats ou progresifs d'être mis à exécution. L'opposition coloniale n'a qu'une devise : entraver sans cesse. C'est le but qu'elle s'est efforcé d'atteindre, sans tenir aucun compte du résultat qui peut en survenir. Cependant, comment ne pas réfléchir sur les conséquences funestes d'une telle résolution? L'homme aura-t-il toujours un bandeau sur les yeux, sans pouvoir l'écarter pour voir briller le flambeau qui doit l'éclairer sur la route du bien? Voyez l'Espagne : combien elle semble payer aujourd'hui, par sa déchéance, les horreurs qu'elle avait encouragées pendant de longues années dans ses colonies du Nouveau-Monde. On est presque porté à reconnaître dans ce fait une main justement vengeresse. L'Angleterre a jeté 500 millions aux propriétaires d'esclaves de ses possessions occidentales ; elle n'a pas reculé devant un si grand sacrifice pour racheter les barbaries qui s'y commettaient en son nom, et qu'elle avait si longtemps tolérées. Cet acte, unique jusqu'à présent dans les annales du monde, fait que l'on prononce le nom de la Grande-Bretagne avec une sorte de respect mêlé d'amiration.

La France n'a pas imité, cette fois, l'œuvre bienfaisante de son alliée. Bien loin de là, nous n'apercevons rien jusqu'aujourd'hui qui soit digne de fixer l'attention des philanthropes; car on ne peut moralement tenir compte de ces quelques petites tentatives qui n'ont servi encore qu'à donner l'éveil à la population esclave et qui sont plus capables de lui faire secouer violemment le joug qu'elle subit avec tant de résignation que de montrer une détermination franche et sincère d'adopter un système définitif. Saint-Domingue parle plus haut que nous ne pourrions le faire, et depuis trois ans, combien les deux grands désastres de la Martinique et de la Guadeloupe, doivent donner à réfléchir aux législateurs ? Les esprits clairvoyans, qui n'imputent pas tout au hasard, semblent reconnaître dans ces malheurs quelque chose qui porte un grand enseignement pour nos hommes d'état.

« Voilà, dit un journal, en un petit nombre d'années, la troi-
» sième catastrophe qui frappe la Guadeloupe. Le fléau a changé
» chaque fois de nature et de théâtre, mais ses coups ont toujours
» rivalisé de fureur. En 1825, c'est la Basse-Terre qu'un coup de
» vent renversa ; en 1840, la ville de Joinville, à Marie-Galande
» (dépendance de la Guadeloupe), était dévorée par l'incendie ; en
» 1843 enfin, c'est la Pointe-à-Pitre, qu'un tremblement de terre
» détruit de fond en comble. Après l'ouragan et après l'incendie,
» on conseillait aux habitans de bâtir en pierre pour mieux résister
» au vent et au feu ; il semble après le désastre du 8 février qu'il
» aurait été préférable que la Pointe-à-Pitre eût été construite en
» bois.

» Ainsi le bois est emporté par le vent ou brûlé, la pierre tombe
» et écrase. Malheureux pays, où les élémens rendent dans un sens
» opposé des commandemens, dont l'infraction est punie de tout
» côté d'une manière si terrible ! Quant on songe aux fréquentes et
» redoutables exceptions que souffrent dans ces contrées les règles
» de l'ordre naturel, on s'étonne moins des exceptions que la poli-
» tique y a portées aux règles d'une autre ordre. N'est-ce pas en-
» core quelque chose d'inattendu que le calme et le désintéresse-
» ment des esclaves au milieu de ces désordres et de ces ruines
» pleines d'or ! Combien cette conduite donne à réfléchir pour

» l'honneur des esclaves , et disons aussi pour celui des maîtres ! »

O vous, honorables représentans de la France, daignez prêter l'oreille à la voix plaintive de l'humanité. Ne vous laissez pas décourager par ces égoïstes qui vous disent toujours : « Avant de porter vos » regards par delà l'Atlantique, travaillez au bien-être de ces in- » fortunés qui gémissent à vos côtés; » ou, en d'autres termes, « assistez les blancs avant de penser aux noirs. » Non, ce n'est pas ainsi qu'il faut interpréter l'esprit des Saints-Évangiles. Les sublimes maximes qu'ils renferment n'admettent pas de distinctions de castes ni de couleurs dans la dispensation des bienfaits de Dieu. Votre compatissante protection doit s'étendre à la fois sur les deux hémisphères. En agissant ainsi, vous éviterez sans doute bien des malheurs qui semblent être l'apanage de ces contrées lointaines. S'il n'est pas donné à l'homme de détourner la foudre d'en haut, du moins, lui est-il permis d'arrêter, par des lois bien combinées, le danger d'une explosion sociale.

F. LEBLOND.

Paris, le 20 mars 1843.

PROJET

D'une Colonisation agricole et industrielle des jeunes noirs libérés,

Lu à la Société de la Morale Chrétienne, dans sa séance mensuelle du 23 janvier 1843.

————◦◦◦————

Messieurs ,

Chaque homme doit au bien général le tribut de son intelligence. C'est une dette que l'on contracte en entrant dans la société, et qui devient sacrée, quand il s'agit de prêter un actif et loyal concours aux améliorations que réclament les besoins de l'humanité. Il y a, Messieurs, deux manières de procéder dans la préparation des lois : la première est celle de mettre tout d'abord en vigueur et sans précaution aucune, des dispositions législatives précipitées, qui souvent portent des fruits amers et laissent de longs regrets à ceux qui en ont sollicité la création, comme à leurs auteurs eux-mêmes. Les grands législateurs ont fort heureusement compris que cette façon de faire les lois n'atteignait pas le but qu'ils se proposaient, et ils ont dû suivre une autre voie : celle des améliorations sages et progressives. Ce système est le plus sûr moyen d'obtenir dans leur application tout le bien qu'il leur est possible de produire.

Guidé par ces considérations , je viens soumettre à l'appréciation de votre justice et de vos hautes lumières, un projet de colonisation à Cayenne des jeunes noirs libérés et des enfans à naître qu'une loi ultérieure pourra déclarer libres dès leur naissance.

Depuis 1830, on a proposé divers projets d'affranchissement , et

même quelques-uns ont été élaborés bien avant notre glorieuse ré-
volution : tous ont eu le sort qui devait leur être réservé : les uns
tranchaient d'une manière trop absolue une question qui ne peut
être bien résolue qu'après un long et patient examen ; les autres
exigeaient d'immenses sacrifices des deniers de l'État. En pareille
occurrence, le gouvernement, dans sa sagesse, a dû n'agréer aucun
de ces projets, tout en tenant compte à leurs auteurs des sentimens
honorables qui les animaient.

Ma proposition, Messieurs, dont le fond est conçu sur un plan
moins vaste, ne laisse pas de rendre possible, par la voie du progrès,
la solution d'un problème que ces divers projets semblaient présen-
ter comme insoluble.

Avant d'entrer dans les détails, vous me permettrez de dire un
mot en passant de la Colonie agricole de Mettray, qui présente avec
celle que je propose une certaine identité de position. D'abord il y
existe le plan d'un bel établissement sur un terrain bien placé, une
sage distribution des localités propres à favoriser tous les genres de
travaux énumérés dans le programme de ses statuts. Nous y voyons
encore l'instruction religieuse, agricole et industrielle, bien com-
prise et fort répandue ; l'enseignement élémentaire bien établi ; le
règlement des repas en harmonie parfaite avec la réforme introduite
dans les habitudes de tous ; l'administration est éminemment paternelle : rien enfin n'est omis pour obtenir le résultat le plus satisfai-
sant. J'ai dû examiner les documens qui se rattachent à l'administration de cette colonie, en tenant compte de la différence des climats
des deux pays. Si mon plan de colonisation était adopté, il serait
indispensable pour celui que le gouvernement voudrait placer en
tête de son exécution, d'aller visiter la Colonie de Mettray, avant
son départ pour Cayenne.

Nous allons maintenant entrer dans l'exposé des moyens que nous
comptons mettre en œuvre. Mais nous devons dire avant tout, que
l'abolition de l'esclavage est devenue une mesure indispensable aux

colonies françaises, depuis que les Anglais en ont pris l'initiative dans leurs possessions occidentales.

Il ne faut pas, Messieurs, leur laisser le bonheur et la gloire de se dire plus humains que nous. Mais si l'Angleterre, avant de proclamer son bill d'affranchissement, avait bien préparé ses colonies depuis longues années, la France doit également disposer les siennes, par la voie d'une sage progression, à cette transformation sociale. Le gouvernement devra donc par une loi déclarer libres dès leur naissance, les enfans des esclaves actuels et ceux âgés de trois ans inclusivement. Les esclaves au-dessus de cet âge ne pourront devenir libres que par la voie du rachat forcé, ou par tout autre moyen qu'il lui plaira de consacrer. Cette partie de la question est d'ailleurs étrangère à notre projet de colonisation, qui n'a pour but que de régler la position future des enfans pour l'éducation desquels il serait mis en œuvre. Il est donc bien entendu que tous les enfans actuels jusqu'à l'âge de trois ans inclusivement, seront libérés et envoyés dans l'établissement où ils trouveront d'abord tout ce que renferme l'éducation morale et religieuse en harmonie avec leur intelligence, et plus tard la pratique des travaux d'agriculture, afin de leur faciliter la connaissance indispensable des obligations qu'impose la liberté. Ce premier noyau, ainsi disposé, rendrait plus efficaces les soins et le zèle du directeur. Les enfans à naître ne devant y être envoyés qu'un an après leur naissance, temps nécessaire pour les soins maternels, trouveront alors de jeunes camarades avec lesquels ils s'allieront dans la suite tout naturellement.

Je vais diviser maintenant les moyens d'instruction et de travail qu'il faudra adopter dans l'établissement.

Instruction religieuse.

Lever le matin à cinq heures et demi en été, et à six heures dans les temps pluvieux, aux sons de la cloche de la chapelle. Prière du matin et cathéchisme pendant une heure y compris un petit repas frugal, très ordinaire chez les noirs ; ensuite distribution des travaux du jour ; à midi, un repas plus confortable qui durera deux heures, eu égard aux grandes chaleurs ; retour au travail jusqu'à cinq heures et demi, et ensuite diner, et plus tard exercices enfantins : prière du soir à six heures et demi, coucher à huit.

La proximité de la ville de Cayenne, du terrain que je proposerai plus loin, donnera la facilité d'envoyer un prêtre pour officier tous les deux jours dans la chapelle. Il y aura de plus grand-messe et sermon les dimanches et fêtes. Il n'est pas nécessaire que le prêtre soit attaché à l'établissement. A la demande du directeur et sur la désignation, deux sœurs de Charité devront donner leurs soins aux enfans pour ce qui concerne l'instruction religieuse seulement ; pour les soins domestiques, quelques négresses bien connues par leur moralité, prises sur les habitations domaniales, sous l'inspection du directeur, seront affectées aux besoins des enfans. Un médecin du choix du chef de ladite colonie ira tous les matins visiter les malades.

Industrie.

Tous les états manuels, ordinairement exercés dans les colonies, seront mis en pratique dans l'établissement. Le gouvernement devra mettre à la disposition du directeur les ouvriers noirs qui se trouvent actuellement sur ses propriétés à Cayenne, pour y faire un choix ; en cas de leur insuffisance, on pourra employer des ouvriers libres, moyennant salaires. Ces états ne seront toutefois enseignés qu'aux jeunes noirs qui montreraient le plus de disposition à les apprendre.

Agriculture.

Le terrain sur lequel doit s'établir la colonie étant suffisamment étendu, la culture des denrées coloniales sur une échelle proportionnée au nombre des jeunes noirs, et seulement comme moyen d'instruction pratique, sera pour le directeur la partie la plus active de ses soins. En effet, si le but de cette colonisation doit être principalement basé sur les moyens à employer pour former des cultivateurs qui devront plus tard aller défricher les champs des propriétaires, et resoudre ainsi le problème du travail libre aux colonies, rien ne devra être négligé pour obtenir ce grand résultat. Les deux tiers du jour devront y être employés, si l'instruction religieuse en laisse la possibilité. Le gouvernement fournira les outils aratoires nécessaires au fur et à mesure de la demande du directeur.

Dépenses.

Le terrain connu à Cayenne sous le nom de *camp Saint-Denis*, situé à environ un quart de lieue de la ville, est, suivant moi, le lieu le plus convenable pour établir la colonie. Ce terrain appartient au gouvernement et n'est affecté à aucune exploitation importante. Abandonné, surtout depuis que les nègres de capture ont été envoyés à la Mana, sous la direction de Mme Javouhey, ce terrain ne donnera donc lieu à aucune dépense d'acquisition.

La population esclave de la Guyane française est de 16,836 âmes. D'après nos renseignemens, il existe dans cette colonie environ 800 enfans au-dessous de trois ans. Les prix ordinaires des jeunes noirs de cet âge varie de 2 à 300 francs ; mais, il faut l'avouer, depuis deux ans, ce taux a beaucoup diminué, même pour la vente des esclaves en général. Soit que cet état de choses soit dû à la baisse des denrées coloniales, soit que la question de l'abolition de l'esclavage qui est mise chaque année à l'ordre du jour dans la métropole, porte de l'inquiétude dans les esprits, on peut consciencieusement fixer le prix à 250 francs, ce qui donnerait, pour faire l'acquisition des 800 noirs, la somme de...................................... 200,000 fr.

Les bâtimens propres au logement de la petite population, y compris les ouvriers et domestiques, don-

A reporter...... 200,000 f.

Report.... 200,000 fr.

nerait lieu à une dépense de construction qui s'élèvera
à.. 60,000

La chapelle, dans laquelle sera incoporé le logement des sœurs de charité...................... 36,000

Total des premières dépenses......... 296,000 fr.

La nourriture et l'entretien des jeunes noirs et des
enfans à naître, des ouvriers et domestiques, seront ré-
glés et fournis par le magasin général à Cayenne, sur
récépissé du directeur. On peut prévoir d'avance que
la somme à affecter à ce service ne s'élèvera pas annuellement au delà de................................ 90,000

Appointemens des deux sœurs attachées à l'établissement, à 1,500 francs........................... 3,000

Ceux du médecin pour ses visites, par an......... 1,000

Traitement du directeur.......................... 3,000

Total........ 393,000 fr.

Vient ensuite la somme à affecter pour indemniser éventuellement les colons pour les enfans à naître. Ces enfans, comme nous l'avons dit plus haut, doivent être âgés d'un an révolu et seront alors payés au prix fixe de 200 fr. par tête ; les propriétaires auront alors tout l'intérêt de donner des soins nécessaires à ces pauvres petites créatures qui en sont souvent privées, ce qui fait qu'aux colonies les mortalités surpassent les naissances. Dans la supposition qu'on puisse en sauver annuellement à Cayenne 150, évalués à 200 fr., donnant une valeur indemnisable de 30,000 fr. par an, cette somme jointe à celle de 90,000 fr. pour la nourriture, entretien et émolu-mens, et à celle de 296,000 fr. pour dépenses du matériel et des enfans de trois ans, formerait au total une valeur de 423,000 fr. Il faut se persuader aussi que cette somme, plus ou moins forte, diminuera graduellement par l'effet des affranchissemens partiels qui ont lieu chaque année dans la population esclave en général.

Ainsi, Messieurs, pour arriver progressivement à la solution d'un problème qu'on dit toujours si difficile à résoudre, dans l'intérêt des propriétaires comme dans celui des esclaves eux-mêmes; je dirai avec assurance au gouvernement : faites un sacrifice d'environ 450,000 fr., nous vous promettons notre concours loyal et désintéressé pour commencer l'exécution d'un plan dont le résultat ne peut être mis en doute et qui sera, nous en sommes persuadé d'avance, approuvé par toutes les parties intéressées dans la question, à moins d'une excessive mauvaise foi et d'une intolérable résistance à repousser tous moyens, même les plus sages, d'arriver à l'abolition entière de l'esclavage colonial sans danger pour la société. Nous disons, notre concours désintéressé, car notre position indépendante nous ferait peut-être un devoir de ne pas nous embarrasser du bien-être d'autrui, si la question de l'humanité n'avait depuis longtemps pris sa place dans notre cœur. Vous êtes là, Messieurs, pour constater ce que nous osons avancer ici, car votre estimable journal a déjà publié divers articles émanés de nous sur cette question (adhésion unanime).

Disons donc en terminant que cette somme de 450,000 fr. est loin d'approcher de celles de 50, 100 et 200 millions que tant d'autres projets exigeaient pour leur mise à exécution, sans toutefois garantir un résultat que notre plan démontre comme certain. Toute la réussite doit se baser sur le choix d'un directeur capable d'apporter tous les soins qu'exige une administration toute paternelle.

Cette somme de 450,000 fr. disons-nous, sera divisée ainsi que nous l'avons d'abord classée ; 200,000 fr. pour l'acquisition des enfans jusqu'à l'âge de trois ans inclusivement; 96,000 fr. qui seront mis à la disposition du directeur pour la construction du matériel de colonisation, sous l'inspection de l'autorité locale; ensuite environ 127,000 fr. annuels qui seront affectés à l'acquisition des enfans à naître, à l'entretien de ces enfans et celui de ceux de trois ans, aux émolumens des sœurs de charité, du médecin et du directeur de l'établissement.

Voici maintenant, Messieurs, mon opinion sur l'application en général de ce système d'affranchissement progressif. Il sera d'abord mis à exécution, à Cayenne, pendant trois ans ou plus si on le juge nécessaire, ensuite le gouvernement pourra le décréter pour l'île Bourbon, pendant une autre période de trois années ; on arriverait ainsi, tous les trois ans, à l'étendre successivement à la Guadeloupe et à la Martinique.

Si la mise à exécution de ce plan doit coûter à Cayenne environ 450,000 fr., il faut supposer que cette somme s'élèvera pour nos trois autres colonies à un total approximatif de trois millions 500 mille francs, divisés comme suit..

Pour Cayenne,	450,000
L'île Bourbon,	1,050,000
Guadeloupe,	1,200,000
Martinique,	1,300,000
TOTAL GÉNÉRAL :	4,000,000

Il est donc démontré par ce calcul, que les dépenses à faire progressivement pendant douze ans, pour nos quatre colonies, ne s'élèveraient pas au-delà de quatre millions. Cette somme, qui paraît de prime-abord un grand sacrifice, n'est pas même la cinquième partie d'une année seulement de perception des droits sur les denrées coloniales. J'ose le demander à toute personne de bonne foi, quelles sont les mains qui cultivent ces denrées depuis plus de deux siècles, si ce ne sont celles des esclaves qu'on veut affranchir. Les sommes perçues par les douanes métropolitaines sur les colonies, durant cet intervalle, s'élèvent à un chiffre énorme, et la France reculerait devant un si faible sacrifice pour accomplir le plus saint des devoirs ? Je n'ose le supposer.

Ce plan a d'ailleurs un principe certain qui est celui de rendre dès à présent la sécurité aux colons, que des menaces réitérées jettent dans le découragement et par cela même ôtent tous moyens de transactions avantageuses aux colonies et aux noirs, l'espoir d'arriver à la liberté par le rachat forcé : cette faculté est restreinte, il est vrai, et ne profiterait peut-être qu'à un petit nombre, mais ceux qui n'auraient pas les moyens d'y parvenir n'en verraient pas moins avec satisfaction leurs enfans jouir de ce bienfait : le rachat forcé serait d'ailleurs un bon moyen de stimulation que les plus fainéans sous le régime de l'esclavage ne manqueraient pas de saisir avec empressement. Si nous citons l'affection que portent les noirs à leurs enfans, nous disons la vérité, ceci ne peut être l'objet d'une contestation, c'est d'ailleurs notre expérience de chaque jour, cette expérience se fait sous nos yeux mêmes, parmi nos esclaves. La moindre attention du maître pour l'enfant est toujours l'objet d'une grande vénération de la part des père et mère.

D'une autre part, je suppose que le gouvernement prenne la détermination d'abolir immédiatement l'esclavage, il ne serait pas moins dans l'obligation d'aviser au moyen d'élever les jeunes noirs et les enfans à naître qui ne pourraient que devenir un embarras pour les nouveaux affranchis, puisque ceux-ci auraient à remplir rigoureusement leurs journées pour obtenir intégralement un salaire quelconque ; et disons-le avec conviction, ce salaire ne manquera pas de mettre dans de perpétuelles discussions le maître et l'ouvrier ; cet état de choses presque inévitable entraverait sans doute l'éducation des enfans. Les colonies anglaises ont fourni et fournissent encore bien des cas de ce genre. Ainsi, sous ce point de vue, un établissement tel que celui-ci est d'une incontestable nécessité.

Vous avez dû remarquer, Messieurs, que j'ai cherché à rendre le directeur presque libre de toute contrainte dans l'exercice de son ministère. Il le faut dans ces pays lointains, où l'action de l'autorité métropolitaine est si petite, et celle des ennemis de l'émancipation si grande; il le faut, dis-je, car sans cette liberté d'action, point de réussite possible. Il serait nécessaire seulement que le gouverneur fût tenu de visiter l'établissement au moins deux fois par mois, et qu'il fît un rapport au Ministre de la marine, concurremment avec le directeur de la colonie ; ce dernier serait en relation directe avec l'ordonnateur, chargé de l'administration intérieure de Cayenne pour tous les besoins de l'établissement.

Comme il est juste de prévoir que le zèle et la bonne administration du chef de ladite colonie agricole, favoriseront chez les jeunes enfans les dispositions nécessaires à l'accomplissement de leur devoir, le résultat qu'on pourrait obtenir deviendrait tel qu'il serait urgent d'aviser au moyen d'utiliser le produit de leur travail. C'est alors qu'une caisse d'épargne, établie à Cayenne, sous la direction de l'autorité locale, recevrait au fur et à mesure les versemens par les soins du directeur.

Le gouvernement de la métropole prendrait telle mesure qui lui paraîtrait convenable pour l'emploi de ces fonds, soit qu'ils dussent servir de compensation aux avances que ce grand acte humanitaire aurait nécessitées, soit que ses fonds fussent utilisés dans l'intérêt des enfans eux-mêmes ; dans ce dernier cas, ils ne pourraient en disposer que le jour de leur sortie de l'établissement, encore faudrait-il ne donner que le strict nécessaire pour satisfaire aux premiers besoins afin d'en éviter un mauvais emploi.

Avant de quitter l'établissement pour être employé ailleurs, chaque enfant, quel que fût le sexe, devrait être âgé de quinze ans révolus. Le taux des salaires serait ultérieurement réglé par arrêté local sur l'autorisation du gouvernement métropolitain.

Voilà, Messieurs, notre projet de colonisation agricole, nous le soumettons avec confiance à la méditation de la Société de la morale chrétienne, en faisant des vœux pour qu'elle daigne le prendre en considération, et le porter à la connaissance du gouvernement du roi.

(La lecture de ce projet, faite devant un nombreux auditoire, a été couverte d'applaudissemens.)